BEI GRIN MACHT SICH IHR
WISSEN BEZAHLT

- Wir veröffentlichen Ihre Hausarbeit,
  Bachelor- und Masterarbeit

- Ihr eigenes eBook und Buch -
  weltweit in allen wichtigen Shops

- Verdienen Sie an jedem Verkauf

Jetzt bei www.GRIN.com hochladen
und kostenlos publizieren

Bibliografische Information der Deutschen Nationalbibliothek:

Die Deutsche Bibliothek verzeichnet diese Publikation in der Deutschen National-
bibliografie; detaillierte bibliografische Daten sind im Internet über http://dnb.d-
nb.de/ abrufbar.

Impressum:

Copyright © 2009 GRIN Verlag, Open Publishing GmbH
Druck und Bindung: Books on Demand GmbH, Norderstedt Germany
ISBN: 9783640684366

Dieses Buch bei GRIN:

http://www.grin.com/de/e-book/154959/klassischer-universalrechner-einblick-in-
john-von-neumanns-grundkonzept

Patrick Seifert

Klassischer Universalrechner - Einblick in John von Neumanns Grundkonzept

GRIN Verlag

GRIN - Your knowledge has value

Der GRIN Verlag publiziert seit 1998 wissenschaftliche Arbeiten von Studenten, Hochschullehrern und anderen Akademikern als eBook und gedrucktes Buch. Die Verlagswebsite www.grin.com ist die ideale Plattform zur Veröffentlichung von Hausarbeiten, Abschlussarbeiten, wissenschaftlichen Aufsätzen, Dissertationen und Fachbüchern.

Besuchen Sie uns im Internet:

http://www.grin.com/

http://www.facebook.com/grincom

http://www.twitter.com/grin_com

FOM Fachhochschule für Ökonomie & Management Nürnberg

Berufsbegleitender Studiengang zum Diplom Wirtschaftsinformatiker (FH)

5. Semester

Betriebsinformatik III

Klassischer Universalrechner

Autor: Patrick Seifert

Ehrenwörtliche Erklärung

Hiermit versichere ich, dass die vorliegende Arbeit von mir selbstständig und ohne unerlaubte Hilfe angefertigt worden ist, insbesondere dass alle Stellen, die wörtlich oder annähernd wörtlich aus Veröffentlichungen entnommen sind, durch Zitate als solche gekennzeichnet sind. Ich versichere auch, dass die von mir eingereichte schriftliche Version mit der digitalen Version übereinstimmt. Weiterhin erkläre ich, dass die Arbeit in gleicher oder ähnlicher Form noch keiner anderen Prüfungsbehörde vorgelegen hat. Ich erkläre mich damit einverstanden, dass die Arbeit der Öffentlichkeit zugänglich gemacht wird. Ich erkläre mich ferner damit einverstanden, dass die Digitalversion dieser Arbeit zwecks Plagiatsprüfung auf die Server externer Anbieter hoch geladen werden darf. Die Plagiatsprüfung stellt keine Zurverfügungstellung für die Öffentlichkeit dar.

Ort, Datum   Patrick Seifert

Inhaltsverzeichnis

Abbildungsverzeichnis

Abkürzungsverzeichnis

ALU   Arithmetisch-Logische Einheit: Rechenwerk eines Prozessors

CPU   Central-Processing-Unit: Hauptprozessor

GHz   Gigahertz: Einheit für die Frequenz

I/O Einheit   Ein- und Ausgabeeinheit

RAM   Random Access Memory: Hauptspeicher

SISD   Single-Instruction - Single Data: Einprozessor-Rechner

1. Einleitung

Seit nun mehr als 60 Jahren basieren nahezu alle seit dieser Zeit entwickelten Prozessorarchitekturen auf dem von-Neumann-Rechnermodell. John von Neumann entwarf dieses Referenzmodell bereits im Jahre 1946 und gilt daher als Pionier im Thema Rechnerarchitektur.

Das Konzept beinhaltet bis heute die Grundlage weiterentwickelter Computersysteme und ist auch grundlegend in modernen Multi-Core-Prozessoren zu finden. Nach einer kurzen Vorstellung von John von Neumann, wird das theoretische Konzept, das aus den wesentlichen Bestandteilen der von-Neumann-Architektur, dem Speicher, dem Leitwerk, dem Rechenwerk und der Ein- und Ausgabeeinheit besteht, aufgezeigt. Anschließend wird dessen technische Realisierung anhand eines modernen Multi-Core-Prozessors beschrieben.

Ein Fazit beendet die Seminararbeit.

2. Vorstellung: John von Neumann

Abb. 1: John von Neumann (Quelle: www.hohse.de/flo/referat/bilder/neumann.jpg)

János von Neumann zu Margitta, bekannt als John von Neumann, wurde 1903 in Budapest geboren. Bereits in seiner Kindheit zeigte er überdurchschnittliche Intelligenz und konnte im Alter von sechs Jahren achtstellige Zahlen im Kopf dividieren. Er besuchte das deutschsprachige Lutheraner Gymnasium in Budapest und fiel damals schon wegen seiner hervorragenden Kenntnisse in Mathematik auf. Nebst einem angefangenen Studium des Chemieingenieurwesens galt von Neumanns Interesse stets der Mathematik. Er besuchte daher regelmäßig Mathematikkurse und war 1923 bis 1926 als Mathematiker und Physiker jüngster Privatdozent der Berliner Universität.

Von Neumann gilt als einer der Väter der Informatik. Nach ihm wurde die so genannte von-Neumann-Architektur, auch von-Neumann-Rechner, benannt (vgl. Heims, 1982, S.17).

Ab 1949 leitete er am Institute for Advanced Study in Princeton ein eigenes Computerprojekt, durch das er seine Ideen verwirklichen konnte.

Von Neumann starb am achten Februar 1957 im Alter von 53 Jahren in Washington D.C., USA.

3. Grundkonzept: Von Neumann

Um die von-Neumann-Architektur richtig darstellen zu können, bedarf es zwei wesentlicher Teilkonzepte, das der Architektur des Rechnermodells sowie das des Ablaufkonzepts eines Programms.

3.1 Architektur des Von-Neumann-Rechnermodells

Im Wesentlichen besteht das vorliegende Modell aus drei Komponenten, der CPU, dem Speicher und der I/O Einheit, die über ein Bussystem miteinander verbunden sind.

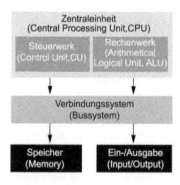

Abb. 2: Komponenten Von-Neumann-Architektur (Siemers, 2004, S.15)

Während das Steuerwerk Anweisungen eines Programms interpretiert und für die Befehlsabfolge verantwortlich ist, führt das Rechenwerk Rechenoperationen und logische Verknüpfungen aus.

Beide sind Bestandteile der Zentraleinheit, die über ein Verbindungssystem, dem so genannten Bussystem, direkt mit der Speicher- und I/O Einheit verbunden ist. Über dieses werden zwischen Steuerwerk und Speicher Programme und Daten ausgetauscht, die über das Steuerwerk interpretiert und über das Rechenwerk verarbeitet werden. Der Speicher besteht aus Plätzen fester Wortlängen, die sich mit Hilfe einer festen Adresse ansprechen lassen (vgl. Siemers, 1999, S.57). Jede Informationseinheit hat eine eindeutige Adresse im Speicher. Die I/O Einheit ist für die Steuerung der Ein- und Ausgabe von Daten zum Anwender (Monitor) bzw. zu anderen Systemen (via Schnittstellen) verantwortlich. Ein großer Vorteil dieser Architektur ist es, dass die Struktur des Rechners von dem zu bearbeitenden Problem unabhängig ist. Die Anpassung an die Aufgabenstellung für jedes neue Problem erfolgt durch Speicherung eines eigenständigen Programms in der Speichereinheit. Dieses Konzept wird auch als so genanter programmgesteuerter Universalrechner bezeichnet.

3.2 Programmablaufkonzept des von-Neumann-Rechner

Das Programmablaufkonzept besteht aus zwei Komponenten, der Speicherung von Daten und Programmen, das aus einer Sequenz von Befehlen besteht sowie dem Prinzip der sequentiellen Programmausführung.

Das Speichern erfolgt in einem RAM Speicher mit linearem Adressraum. Durch ein spezielles Befehls-Adressregister, dem so genannten Befehlszähler, wird auf den nächsten auszuführenden Befehl gezeigt.

Die abzuarbeitenden Befehle, die aus einer Ansammlung von Informationseinheiten bestehen, werden ständig aus einer Speicherzelle gelesen und ans Steuerwerk weitergeleitet.

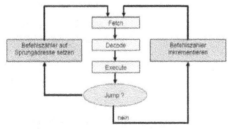

Abb. 3: Ablauf Befehlsverarbeitung (www.kreissl.info)

Befehle und Programme durchlaufen einen Zyklus, der ausgehend vom Steuerwerk bestimmt wird. Jedem Zyklusdurchlauf ist ein Takt zugeordnet, der von einem Taktgeber (Quarz) gesteuert wird. Dieser Zyklus wird in drei Phasen unterteilt: Holphase (FETCH), Dekodierungsphase (DECODE), Ausführungsphase (EXECUTE).

In der ersten Phase wird der abzuarbeitende Befehl aus dem Speicher in das Steuerwerk „geholt", das heisst transportiert. In dem darauf folgenden Schritt wird der Befehl „dekodiert", das heisst entschlüsselt und interpretiert. Anschließend wird der Befehl durch Erzeugung von Steuersignalen „ausgeführt". Nach diesem Zyklus wird der Befehlszähler inkrementiert bzw. innerhalb einer Schleife auf den Wert der Sprungadresse gesetzt. Die beschriebenen Phasen werden solange ausgeführt, bis aus dem Speicher ein „STOP" gesendet wird.

Ein wichtiges Bewertungskriterium der Arbeitsgeschwindigkeit der CPU ist die Zykluszeit. Diese gibt die Zeit an, die die CPU benötigt, um einmal den Befehlszyklus zu durchlaufen.

Die Programme werden als Ganzes im Speicher abgelegt und werden nicht sequenziell eingegeben, wie es zum Beispiel bei Lochstreifen der Fall ist. Somit können Sprünge und Schleifen (Wiederholungen) im Programmablauf realisiert werden.

Ein weiterer Vorteil ist es, Programme zu entwickeln, mit denen der Computer selbst in der Lage ist, Algorithmen aus einer höheren Programmiersprache durch einen vorgeschalteten Compiler in seine Maschinensprache zu übersetzen.

3.3 Von-Neumann-Flaschenhals

Der von-Neumann-Flaschenhals stellt einen Nebeneffekt der Anwendung der von-Neumann-Architektur dar. Da auf der Hardware-Ebene eines von-Neumann-Rechners Daten nur über einen einzigen Bus transportiert und vom Prozessor schneller verarbeitet werden, als sie aus dem Speicherwerk geliefert bzw. hineingeschrieben werden können, kommt es auf dem Datenbus zu Engpässen. Aus diesem Grund wird bei dieser Architekturanordnung der Datenbus in Verbindung mit dem Speicherwerk auch als Flaschenhals bezeichnet.

Die Diskrepanz zwischen der Prozessorleistung und der Speicherzugriffszeit stellt somit bei der zukünftigen Weiterentwicklung eine große Herausforderung dar. In der Praxis versucht man diese Abweichung durch den Einsatz eines so genannten Prozessorcaches abzuschwächen. Der Prozessorcache stellt Daten bzw. Programmteile, die schon einmal vorlagen, wie zum Beispiel Code innerhalb Schleifen, Steuervariablen, lokale Variablen und Prozedurparameter, beim nächsten Zugriff schneller zur Verfügung und ist entweder direkter Bestandteil des Prozessors (interner Cache) oder gesondert auf dem Mainboard (extern) verbaut. Ein interner Prozessorcache arbeitet mit der gleichen Taktung wie die CPU, während ein externer Cache um ein Vielfaches langsamer ist.

4. Technische Realisierung in einem modernen Multi-Core-Prozessor

Bei dem Begriff Multi-Core-Prozessor handelt es sich um einen Prozessor, der im Wesentlichen aus zwei oder mehreren Hauptprozessoren besteht. Diese Multi-Core-Prozessoren besitzen voneinander unabhängige Hauptprozessoren (vgl. Malfitano, 2005, S.2). Derzeit werden zwei Arten von Mehrkernprozessoren unterschieden. Zum einen gibt es den symmetrischen Multi-Core-Prozessor, bei denen die Hauptprozessoren den gleichen Befehlssatz besitzen, wobei zum anderen ein asymmetrischer Multi-Core-Prozessor mit unterschiedlichen Befehlssätzen arbeitet.

Ziel des Einsatzes von Multi-Core-Prozessoren ist es, die Befehlsausführung parallel auszuführen, indem eine multiple Prozessoransteuerung über spezielle Pipelines gewährleistet wird.

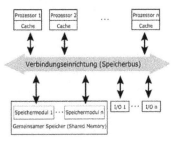

Abb. 4: Multi-Core-Architektur (Bengel, Baun, Kunze, Stucky, 2008, S.40)

Diese oben vereinfacht dargestellte Architektur baut auf der von-Neumann-Rechner-Architekur auf. Die einzelnen Prozessoren sind über eine gemeinsame Verbindungseinrichtung, dem Speicherbus, sowohl mit dem Speicher als auch mit der I/O Einheit verbunden. Hauptunterschied zur von-Neumann-Architektur, ist die Tatsache, dass alle am Bus befindlichen CPUs den gemeinsamen Speicher nutzen können. Somit kann jeder Prozessor auf dem Speicher lesen und schreiben, indem er einen LOAD oder STORE Befehl ausführt. Da der Speicherbus durch den Einsatz von Multi-Core-Prozessoren zusätzlich belasten wird, vergrößert sich der von-Neumann-Flaschenhals. Aus diesem Grund sind die Anzahl der Prozessoren auf acht bis höchstens 64 begrenzt (vgl. Bengel, Baun, Kunze, Stucky, 2008, S.40).

Zur Reduktion des Flaschenhales ist jeder Prozessor mit einem Cache ausgestattet, der Kopien von Teilen des Hauptspeichers enthält.

Die Speicherung der Daten und Programme sowie dessen sequentieller Programmablauf können somit parallelisiert werden. Dies hat eine deutliche Steigerung der Zykluszeit gegenüber dem Einsatz von nur einer CPU zur Folge.

Um die Parallelisierung zu ermöglichen, ist ein Prefetching von Daten und Befehlen durch den Einsatz von Prozessor-Pipelining notwendig.

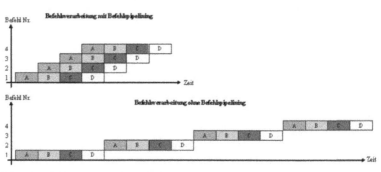

Abb. 5: Ablauf Befehlsverarbeitung mit/ohne Befehlspipelining (Jacobsen, 2004,

Durch das Pipelining werden die abzuarbeitenden Befehle in Teilaufgaben zerlegt, so dass mehrere Befehle gleichzeitig durchgeführt werden können.

Anstelle eines gesamten Befehls wird beim Pipelining während eines Prozessortaktzyklus, der Befehl in verschiedene Teilaufgaben zerlegt und synchron bearbeitet. Die verteilte Abarbeitung der einzelnen Teilaufgaben erfolgt schneller und erhöht damit den Gesamtdurchsatz der Befehle.

Je einfacher eine einzelne Stufe aufgebaut ist, desto höher ist die Frequenz, mit der sie betrieben werden kann. In einem modernen CPU mit einem Kerntakt im Gigahertz-Bereich, das heisst über eine Milliarde Takte pro Sekunde, kann die Befehlspipeline über 30 Stufen lang sein. Der Kerntakt ist die Zeit, die ein Befehl braucht, um eine Stufe der Pipeline zu durchwandern. In einer n-stufigen Pipeline wird ein Befehl also in n-Takten von n-Stufen bearbeitet. Da in jedem Takt ein neuer Befehl geladen wird, verlässt im Idealfall auch ein Befehl pro Takt die Pipeline (vgl. www.kreissl.info).

Muss ein Befehl, der sich in der Pipeline weiter vorne befindet zuerst abgearbeitet werden, so entstehen Abhängigkeiten, die zu Konflikten führen können. Man unterscheidet dabei zwischen Ressourcen-, Daten- und Kontrollflusskonflikten.

Ein Ressourcenkonflikt tritt dann auf, wenn der Pipelinezugriff eine bereits von einer anderen Stufe belegten Ressource benötigt. Datenkonflikte können auf zwei verschiedenen Ebenen auftreten. Zum einen können sie auf der Befehlsebene entstehen, wenn Daten, die in einem Befehl benutzt werden, nicht zur Verfügung stehen. Zum anderen können sie auf der Transferebene auftreten, wenn Registerinhalte nicht mehr vorhanden sind. Zuletzt können Kontroversen im Kontrollfluss auftreten. Dies geschieht dann, wenn die Pipeline abwarten muss, ob ein bedingter Sprung ausgeführt wird (vgl. www.arstechnica.com/old/content/2004/09).

Je länger die Pipeline ist, desto mehr Befehle können „gepiped" werden, das bedeutet, das die Verarbeitungsgeschwindigkeit steigt.

Werden falsche Sprungvorhersagen interpretiert, so muss die Pipeline komplett geleert (flushing) werden und die Befehle aus dem Speicher nachgeladen werden. Dies bewirkt hohe Latenzzeiten, in denen der Prozessor keine Verarbeitung durchführt.

5. Fazit

Der von-Neumann-Rechner spiegelt ein klassisches SISD-System wieder, das pro Arbeitsschritt ein Befehl mit dem dazugehörigen Operanden abarbeitet.

In der heutigen Zeit können Prozessoren zwar Befehle auf mehrere Operanden gleichzeitig anwenden und Befehle durch das Anwenden spezieller Techniken, wie zum Beispiel das vorher beschriebene Pipelining ausführen. Allerdings hat sich am grundlegenden Konzept nur sehr wenig verändert.

Die Entdeckung der von-Neumann-Architektur war für die weitere Entwicklung der Prozessortechnik weltweit entscheidend. Beinahe alle programmierbaren Rechner basieren exakt auf dieser Technologie. Von führenden Herstellern wird sie entsprechend erweitert, so dass eine schnellere Geschwindigkeit, das heisst Abarbeitung von Befehlen erfolgen kann.

Die Flaschenhalsproblematik ist noch immer ein Problem und wird durch den Einsatz von Multi-Core-Prozessoren, die ebenfalls auf der von-Neumann-Architektur basieren, durch Parallelität verschärft. Durch die Anwendung von Caching wird dieser Negativ-Effekt abgemildert.

Zusammenfassend lässt sich sagen, dass von Neumann eine bedeutsame Person war, die 1946 eine revolutionäre Erfindung gemacht hat, auf die heute und auch noch in naher Zukunft zurückgegriffen werden muss. Ferner gehört diese Architektur zum Grundverständnis der Prozessorentwicklung und ist in jedem Grundlagenbuch über Rechnerarchitekturen zu finden.

Literatur- und Quellennachweis

Bücher

Bengel, Baun, Kunze, Stucky (2008): Grundlagen und Programmierung von
Multicoreprozessoren, Multiprozessoren, Cluster und Grid,
1. Auflage, Vieweg+Teubner

Heims, Steve J. (1982): John Von Neumann and Norbert Wiener:
From Mathematics to the Technologies of Life and Death,
1. Auflage, MIT Press

Siemers, Christian (2004): Prozessorbau
1. Auflage, Carl Hanser Verlag, München

Fachartikel

Siemers, Christian (2004): Prozessorgrundlagen: Von-Neumann-Architektur
IDG Business Media GmbH:
www.tecchannel.de/server/prozessoren/402283/prozessorgrundlagen_
von_neumann_architektur_teil_1/index.html

Internet

Hohmann, Florian: Bild John von Neumann:
www.hohse.de/flo/referat/bilder/neumann.jpg

Jacobsen, Frank (2004): Befehlspipelining:
upload.wikimedia.org/wikipedia/de/6/6f/Befehlspipeline.PNG

Kreißl, Holger (2004): Pipelining:
www.kreissl.info

Malfitano, Giovanni (2005): Multicore-Prozessor:
www.bullhost.de/m/multicore-prozessor.html

Stokes, John (2004): Pipelining, An Overview:
www.arstechnica.com/old/content/2004/09

Der 20.07.2009 gilt als letzter Zugriffszeitpunkt für die aufgeführten
Internetadressen.